AF607019

NO ES SCROLL ES AMOR

ANDREA DE LA GARZA

Esto no es Berlín Ediciones

Diseño: Karen Maza-Madrazo Mazarrasa

ISBN: 978-84-120000-6-1
Depósito legal: M-11047-2024

Esto no es Berlín es un sello de la
Productora del Nuevo Relato Social.

Calle Cartagena 19, 3º A. 28028. Madrid. España.
Impreso en España. Madrid - Abril 2024

one-night-stand

mis manos:
moluscos aprehendiéndose tu cuerpo
pues no recordaré
el lunar
nuez moscada
de tu brazo izquierdo
ni las sig sauer de tu abdomen
disparándome al vientre
o los drifts a tu ombligo
o tu espalda
sublimando la vida

melancólica masoquista y malcogida

colecciono cariños fantasmas
mi primer faje con mi crush de kinder
sabía a nostalgia y cerveza
entendí
que el amor estaba en las manos de quien recorriera mi
[espalda
cualquier sábado en la madrugada
o miércoles de drinks 2x1 en los bares para menores de
[edad
con fakes ID
colecciono crushes porque me gusta llorar
cambio besos por poemas
cargo el luto de los que se fueron
le lloro a los guapos por no metérmela
me deshago un poco en cada polla que babeo
fantaseo con mi cuerpo perforado
que deja de ser mío
para ser una fosa mundana
y así pensar que no soy yo
buscar el orgasmo en el clic del cortauñas
atascarme de lo que sea para dormir
y sentirme llena de algo
soy un collage de mamadas andante
un poemario ilustrado por cada verga que me he cogido
y una wish-list de las que no
miserable malcogida y emprendedora

mi historia se cuenta con los pitos del poco mundo
[que me conoce
nací para sufrir por los pendejos que no saben amar
[sin cagarla
o coger sin cagarla
-que es peor-
:escupo mi inocencia en cada miembro que se acerca
soy el jesucristo de los fuckboys
y vine a mamarles los pecados
y es una tragedia

el shuffle no podrá salvarnos

me pagó una cerveza el jueves de perreo godín
vestía todo de negro con nike blancos
y sonreía lindo
y me apretó las nalgas cuando bailamos
y le dio una cachetada de padrastro al tipo que me
[miró el culo
y dijo que me haría una playlist
baby, un día acompáñame al estadio
decía lengüeteando feroz los arcos de mis pies
cuando iba a visitarlo ponía sábanas
y al terminar me extendía la taza de nescafé
y el golden hour en su cabello decolorado
en su barba delineada
y en su sonrisa
me cringeaba
y me ponía caliente
él era una bestia delicada de colores
se le notaba el barrio
how to kill a rockstar skins la rosa más bella del ejido
tenía los dedos más rápidos del noreste
pero su mota era mala
y luego supe que era dj
o trappero
y pensé que pudimos haber vivido forever juntos
si yo tuviera 16
o él pagara spotify premium

qué wey

a veces te miro y digo pásame el porro
pero lo que quiero decir es métemela y nunca la
[saques
sóbame las piernas un rato
qué aburrido tu coto
o sea está cool cuando dices quel tiempo es absurdo
[y el universo finito
porque pienso que te refieres a que no te la estoy
[chupando
y en cómo nos sobra la mesa que nos divide
(disculpa la impracticabilidad:
quiero vestir a la moda
aesthetic tumblr bitch
sad & clever
anualidad del gym
once sesiones de depilación láser diodo de triple onda
72 episodios de GOT
la serie mundial de baseball
chilaquiles con salsa de chile morita)
gasta tu saliva
sobre en y dentro de mí
porque cuando veo tu berenjena me convierto
[en vegana
salvaje y despiadada
tú hablas del space X estampándose en la luna

los predadores del metaverso y la poesía del NFT
pero qué es la poesía
si tardas tanto en bajarte el pantalón

no confiar en perra

mi saliva densa
escurre por tu hombro
y temo me sorprendas
husmeando entre tus friends
y tus exes
y tus morras
y tus frees
y las que dices que no te quieres coger
pero te cogiste en el after

mis microbios se instalan en tu brazo como
[posesionarios en cerro
los vapores que emanas me rozan la entrepierna
y mis pupilas se dilatan
y mis pezones se vuelven pasas
y se me acalambra el arco del pie derecho
cuando le das doble tap a la foto
de tu amiga
la modelo

so, shame on me?

alguien dijo
no es puta, es putísima
y luego le mandó un DM que quedó en seen
más corta: que se vea el tight gap se noten los squats y
[las sumo deadlift
la chinga en el gym cuesta 17 días derretida en la
[oficina
y cuál es el chiste
si el chido no contesta el story en pijamas
espérate, no tanto
que era nomás poquito
bájate eso y actúa normal
inga la inseguridad y falta de amor propio
se te nota en el filtro y la hora en que tuiteas
inga tu replay inga tu silencio inga las ganas de querer
[arrancarte la ropa
con cara de buga sorprendido
el comentario futbolero no da risa
ni pa un like
maybe next time
cuando no contemos los minutos antes de contestar
[un mensaje
y no tengamos que escondernos la ropa para: un rato
[más
antes del jabón-olvido *te escribo en la sema, sobres*
[sobres

la deconstrucción como café turco
(patrimonio cultural inmaterial de la humanidad)
destilándose
des
pa
ci
to

pido un deseo giro la taza y forma la silueta de un
[gato dormido
el conejo de la luna, tu verga entre nubes, la cuchara
[grande, la chica…

en la lectura del café me dijeron que los boomers
[trapperos no están en mi destino

pásame otra

el encendedor
que prendió
los porros y cigarros
que mis labios
succionaron
(como a sus dedos anoche)
hace de palanca para desfichar
:mi bohemia obscura
pluc
una lengua me recorre los muslos
relajada
            babeo
                        y abro otra cerveza

casi licenciada

mi tarjeta de presentación como filtro para el porro de
[mi crush
(once años de estudio
kardex sello rojo
trabajo de diez horas en tacones y miradas lascivas)
el clinc clinc clinc clinc clinc clinc clinc de las caguamas
sabroseándose en la bolsa mojada del oxxo
me regresan a su cara
cavidades oculares como anos
que aprietan
y escupen
rush
otra ronda de chistes involuntarios
dedos como cancha de hormigas
colitis aguda
o mal del puerco
logramos deshacernos de la ropa
(humo lou reed sudor tecate light y cigarros sin filtro)
creo que dije: cuánto trámite
antes de transformarnos en gelatinas tibias
en un día de fiesta en primavera

greener

la operación en la que le recortaron las encías
para sonreír más
ascender de puesto
y encontrar a quien llevar a la posada familiar
no la sacó de buró de crédito
ni le dio más followers
pero ahora el cadenero del antro la saluda de beso
y el de la plaza de la tecnología no le cobra la pantalla
[rota
plastifica desde la meditación hot yoga y baby botox
doblando profits en la campaña de body positive
[after sugery
la obscuridad
es no llenar semanalmente un excel de entradas gastos
[y salidas
en tarifa sin subsidio
y 40 C° a las 10 de la noche
respira 100 millones de partículas de plástico al año
es reciclable
su ROI es del 40% anual
and she's not even trying
el pago de netflix le descompletó el de la luz
y ahora turna las pilas entre el control de la tele el AC
[y satisfyer pro

tinder es el nuevo linkedin

contraté al súper match anarcofeminista
-el skater tatuado
baterista
fotógrafo
vegano
proud punk-
para la producción de una campaña before n after
[protein shake
(él entrevistaría a 8 ex-obesos que participaban -por
un viaje todo pagado- en la convención mundial de
[ex-obesos en Londres
el ex-obeso con más likes, competiría contra los
[populares ex-obesos de 35 países)
se autoproclamaba aliade y le decía empatía a la
[manipulación
creo que fue la arruga
que me recordaba al cerro de la silla
la que me calentó
(esa que aparecía bajo sus ojos cuando preguntaba por
el momento en que se decidían a pedir 5 tacos en vez
[de 13
seis de siete lloraron
los adictos cuentan las mejores historias
los effie serían nuestros)
dije que sí a los drinks after shooting en su casa
y sí a su flourosis dental mordisqueando mis pezones

incluso cabalgué su embutido de salmón fresco
con la mirada perdida en el poster de Transplants
imaginando que me cogía a Travis Barker
pero una rata salió de su pila de ropa
antes de llegar a sentirme Kardashian
y el muy multifacético contracultural dijo algo como:
[soy petfriendly
y no sé porqué pero pensé en mi madre
y supe que no llegaríamos al objetivo de venta ese mes
que los adictos somos los narcisistas de aspecto que-
bradizo con menos interacción del internet
y que en pocas horas lo sacaría de la nómina

soy una ciudadana responsable

me pongo el cinto cuando manejo
taggeo a la profeco en los precios de heb
le mando stories a cofepris
consumo local orgánico y de la sierra friendly
prefiero la mariguana al alcohol
o no sé
nadie tendría que decidir
pero si preguntan di que prefiero la mota
por chill deep y revolucionaria
que beso mujeres por punk y no por caliente
soy una ciudadana que quiere lo mejor para el pueblo
me caga el gobierno
tengo un contador que dice que todo fine
ya no tomo cuando manejo
y les llevo barbies a las inmigrantes en navidad
cuando llueve no salgo
y si salgo
manejo rápido para no chocar
me pinto los labios antes de salir
le sonrió al drogadicto cute del semáforo cuando
[le rolo un cigarro
y recojo la mierda de mis perros en el parque
tomo antibióticos chochos acupuntura té verde
[y matcha
si fuera emprendedora

propondría el simplex en formato tictac
estoy más comprometida con el covid que con el amor
[verdadero
por eso no te voy a besar
ni me voy a quitar el cubrebocas
y déjate los guantes
te queda bien el latex
ya te dije que soy una ciudadana responsable

un beso hasta el closet

me deshago por tus labios
te mancho la arruga del beso
con vodka-mango-kush
y muero en esa lengua
que no habla

ni devora
ni mama

no filter

de sus ojeras hinchadas
brota sudor
   lágrimas
      nazil
   rímel
abre los párpados
:una espalda caramelo con lunares de cacao sabor thc
                                        [aspartame y gluten
aparece envuelta en las sábanas que recibió en secundaria
como regalo de navidad
el miedo palpita en su vientre
aparece la primera raya de luz debajo de una puerta
estira su mano hasta el buró
y busca
   en la lobreguez de su cuarto
el último toque del bong
pocas veces es posible postergar la realidad

los nuevos elementos de la tabla periódica también son efímeros

tuitstar me dio follow
DM mi pack - su pack
- *neflix and chill ?¿*
- 😍
- *location*
le abrí la puerta temblando
@TuElementoPesado estaba en mi casa
su brazo derecho como china
su izquierdo: rusia
mi cuerpo: el nobel
de un giro
mi espalda contra el refri que vibra
sus labios buscando
entre protones y neutrones
la isla de la estabilidad
en mi cuello erizado
me arrodillé
la costura de sus skinny jeans raspó mis manos
desabotoné sus pantalones y probé el cherry gloss de
[mis labios
un milisegundo en mi boca
para transformarse

stellar
y desaparecer

mejor me hubieras dejado en visto

quisiera que fueras más interesante
pero no puedo
quiero enviarte los poemas más mamadores del habla
[hispana
con referencias pop
metapop
regional undermeme
así mientras te lavas los dientes antes de dormir
pienses en mis pies sobre tu pecho
y en que hace días no tuiteo una indirecta con tus
[recomendaciones semanales de spotify
y te consuma el fomo en las manos
de cómo me derrito bajo el sol
con 5 cervezas lowfi y chocohongos
y aunque dije que ya no te iba a escribir:
no pude evitar felicitarte por tu cumpleaños, 3 meses
sin fumar, carro de agencia, gender reveal, beca de
conarte, follow de belinda, block de coca cola, día de
tu santo y nuestro aniversario de amistad en facebook
no te abrumes por no saber qué decir
mándame una selfie y el screenshot del repartidor con
[el sushi que viene en camino
que tengo que esperar a que termine la junta
para escribir este poema

los buenos escritores tienen la verga grande

dijo que era escritor
y su barba de estropajo recorrió mi espalda
    como la oruga que come la hoja por la que se arrastra
                        hasta quedar sin suelo
sus bigotes y mis púbicos se revolvían como mexicanos
                                [confundidos
entre los centros de acopio
que no ha confiscado el gobierno
meneaba orondo 7.2 erectos centímetros
    cerré los ojos para plantarme en el centro del
                                [huracán
escuché truenos y gruñidos a lo lejos
no leí su libro
seguro es malísimo

dingding: zoom call
reporte de resultados
—todos ponemos la cámara—
puedo ver tu guapura de pixel extendido con
[background en blur
pauso mi video
me enrojo los labios
y acerco el vibrador en modo discreto
comienzas la reunión
y me imagino que coger contigo sería una escena
[de película dosmilera
con electropop cumbianchero

haces un chiste
todos estamos en mute
hago como que río agitando enérgicamente las tetas
y tú sonríes pero te trabas en un gesto que parece de
[auxilio
y alguien hace un screenshot
y alguien más te hace sticker
y otro más lo distribuye en los grupos donde no estás
subo el ritmo de vibraciones
que ronronean como gatitos abandonados en
[la cochera de hally berry

tú te crees viral porque le dimos like al post donde el
[corporativo te felicitó por las horas extras
sin paga
del trimestre pasado
tú
(tan orondo
tan blanco y negro
camisita de vestir)
le diste share a la publicación
donde te felicitamos con gifs bendiciones y más shares
bueno
alguien también hizo un meme de eso

google voy
a tener suerte

el misoprostol mató a un feto que quería salvar al
[mundo
pero contribuyó con mi huella ambiental
ser el .00001 % del margen de error no te hace
[importante
el algoritmo también es dios
cambiar de profile picture garantiza un romance de
[15 minutos
hacer alianzas es monetizar los corazones
y a veces
privatizarlos
las cookies se me pegan en los dedos
todo lo que tocan provoca comezón
y ni la mota el caladryl
o el vinagre de sidra de manzana
alcanzan para dormir la piel
para dignificarnos
un antivirus firewall mcafee total protection
data encriptada
password larga mayúscula minúscula mínimo un
[número y símbolo
para estar
medianamente seguros
pues los virus son muchos

y la viralidad un melodrama rentable

elige consoladores con celdas solares
para derrocar el patriarcado
y tumbar a CFE

requiero de tu ayuda impostergable

que no se meta el sol
que se quede en donde está
urge tiempo para encontrar cervezas en ley seca
leer
escribir
plantar un huerto orgánico
encontrar un guapo sin amigos en común
y tres horas más para preparar aguachiles guacamole
y la salsa molcajeteada que siempre likeas en mis
[stories
muévete
muévete como si hacienda estuviera tocando la puerta
[de tu emprendimiento sin permisos
ni leyendas
mira
el sol sigue bajando
la sombra alcanzó al gato antes de que terminara de
[limpiarme
es imperativo que lo detengas todo
que el domingo sea eterno
aún no hay cervezas
ni ganas de salir a buscarlas
de lo contrario
me veré obligada a pedir una pizza con extra queso
-con lo mal que me caen los lácteos-

aplastarme en mi magic wand
y alargar las heridas en mis dedos

rabbithole

nací para amar
me lo ha dicho nicandro
(vidente iridiólogo y ser de luz)
en cada lectura y cambio de ciclo
pero la vida y el smog me confunden
y acelero agandallando en la algarabía trafical
los viernes a las 7 pm
porque me urge prender un toque
esperar cualquier cosa que no sea amor
es lo mismo que un gobierno entregando las llaves
[de la ciudad a jesucristo
para erradicar la violencia
o ganar un segundo mandato
me acusan de ser terrible
holgazana
pretenciosa sin contenido
si hubiera sabido que pinterest se saltó pasos
cuando hice el red velvet
relleno de almendras con toloache
en un live de 2 horas
y 5 usuarios mirando
jamás lo hubiera intentando
al único horno al que le entiendo
es al sauna del gimnasio
donde piensas que hago cardio

y culpamos a las hormonas de que no esté tan buena
como cuando hicimos match en tinder

me gustas leve

equis
las palomitas azules me ponen terrible y si estás
[teniendo un mal día
se me ocurre
que está rico
que sepas que me gustas
aunque sea leve
a veces pienso en los 56 tonos de blanco que existen
y si mis damas llevaran corona de flores
o de perlas
creo que soñé contigo
decías que las manchas en mis dientes
eran las islas en donde los marineros naufragaban
cuando la tormenta destruía los barcos
reíamos
abrazados dentro de la ostra donde se engendró la
[vida del universo
después
me prendías un porro
(que sacabas de una ostra más chica)
y decías que también cuando no sonrío se ilumina
[la ciudad
no me molesta pasar la noche en vela porque roncas
[como reclamando tu existencia

ni que dejes mis sábanas apestando a cigarro sin
[filtro y sudor de tequila de anforita de plástico
ayer me descubrí nostálgica aspirando las fundas de
[almohada antes de meterlas a lavar
pensé en mi cara en tu pecho y torso y espalda
porque duermes dando vueltas
(tipo bailando el vals de nuestra boda)
y en que me embarro como gata en celo
para lamerte nariz cuello dedos y rodillas
mientras tiemblo y babeo
porque creo en el amor
aunque no esté enamorada de ti
baby:a mí
tú me gustas leve

vato pendeko

no es porque hablaste de tu emprendimiento durante
[5 cervezas
ni por decir que si fueras morra serías bien puta
o por el reggae cuando el porro
o el high five después de eyacular
en menos de lo que me fumo un cigarro
sin filtro
cagando
ni por el beso aire despedida
ni por no hacerme descuento en la mota
y caciquear el peri fresa
es por preguntar si ya se había mandado todo
[al chingada
y después aclarar
que te referías al pedido que te hice de betterware

cuando me la estás metiendo tqm

nuestro amor dura entre ocho y quince minutos de
dos a tres veces por semana
me inspiras baby
uso semáforos filas y poor sites loading
para pensar en tu lengua de ballena deslizándose por
[mi espuma
y recrear el tintineo escarchado que sube por mi río
[vertebral
no sé qué hacer
cuando te hablo de mi padre
y el sonido de las cortinas de madera
o del omelette que me enseñó a preparar mi ex
o sea
cuando no me tocas: no sé cómo quererte
hablas y le doy play al recuento de mi vida
donde no puedo creer
el aquí y el ahora
yo: con este culo tantas ganas y 4 tonos
[de glitter en los ojos
y tú
con tu verga tristísima
remembrando cuando todas las chicas de la escuela te
[la querían mamar

PMS

dormí llorando
y
desperté con el vibrador sin pila en la mano
la culpa es tuya
por dejarme en seen
o contestarme rápido
y no saber qué hacer cuando estoy triste
y te pregunto si me veo más gorda en el vestido negro
o amarillo
te asustas
y tus ojos de ciervo encandilado te petrifican
como a un niño san petrino perdido en el tianguis del
[chopo
emites un gruñido
que no alcanza a ser palabra
ni consuelo
giras levemente la cabeza hacia la izquierda
y se desborda la compasión de las arrugas de tu frente
me marea tu mirada
que es también jaula de leprosos y marginales
en la que me ovillo y
termino de llorar

shameless walks

I

a la altura del highligther: el zipper de sus jeans
mis manos
como bombero en coca deslizándose por el tubo de
[alarma
bajan sus pantalones
al ritmo del perreo de Wisin y Yandel

II

salivo al abrir la boca
de rodillas
sobre la cama
giro bajo sus brazos de Augusto de Prima Porto

III

un escalofrío le eriza la piel de mármol
mientras busca sus calvin klein en la esquina de mi
[cuarto
empinado
le saco una foto
y digo adiós

ejercicios de respiración para dormir sonriendo

un pellizco de clona
un toquecito
cuatro gotas de homeopatía bajo la lengua
un té de lavanda y limón
intenté meditar 3 minutos
y sentir mi cuerpo en el espacio
y ser consciente del dedo
chiquito
del pie
en la sábana
con pelos de perro
de gato
lágrimas secas
sangre menstrual
pelusa
polvo
pata de cucaracha
mi dedo del pie izquierdo
comezón
mucha   mucha   comezón
sientes cómo pica ese seen en la nuca
y en la espalda
cuando meditas
y en la cabeza
y en los bordes de la nariz
y en el labio inferior

que muerdo
ay

respiro hondo
el oxígeno desciende a mis pulmones como anuncio
[de cajetilla de cigarro
la sangre circula a 2km x hora
mis músculos se contraen
y palpita mi vulva
y palpita
y palpita
y palpita

tú sabes cómo te digo prrr cuando te digo miau

me froto en tus tobillos
con mi cola enrocsco tu pierna
y enredo mis garras en los vellos de tu espalda
hueles a mi dry shampoo
acaríciame
hasta que me des asco
baby: voy y vengo al rato te escribo también te
[quiero ver
soy tuya
desde que abres la bolsita del condón
hasta retorcerme entre tus dedos pulpo
el amor no anda solo
es una manada: nómadas de temporada
dispuestos a oler a lub y latex el fin de semana
y alzarme como huérfana de verga dar un par de
[giros
y terminar con rasguños en la cara
o lenguetasos en el ano

ugh, as if

mi perro y yo compartimos medicina
echado a mi lado
pareciera que está dormido
pero el ruido de la ciudad nos mantiene temblando
yo me asusto
(porque nací asustada)
y él ladra más fuerte
el vecino me escribe
"controla a tu pinche perro
sus ladridos desconcentran el temple de mi noche"
dejó a mi vecino en seen
en vez de gritarle
que se estacione bien en su cajón
y no me vea las nalgas cuando subo las escaleras
pero la noches siguen
y palomas fantasmas pandemias autos marchas
[y mi vecino
continúan haciéndonos creer
que desde siempre
hemos valido verga

tantito más

dijo dando la vuelta enredándose en las sábanas
también lo dijo en la heladería
rascando el cono con los dientes
solo un poquito dijo
e inhalo las líneas que la llevarían a su verga'l corazón
sírveme un café en la mañana con poquita leche
pero no había leche
y el agua no hervía
y a los ojos le entró el cielo y el cerro y los ovnis con
[sus luces negras y el universo cuajándose en la len-
gua
pero le faltó tantito
un pellizquito
apenas una borona, gotita proteica
¿qué te cambio por qué cosa? berreó entre vergas
una vez perdió una pieza en el fondo de la fogata
dijo que era la que hacía a la noche parpadear
y por eso no sabe qué tanto es tantito cuando
los carritos en amazon, drive thrus, swipe left-right,
[sandwiches y burritos con extra queso en la
[madrugada, la oz de pilón,
ta bueno: échale todo, sí quítate el condón
sin leer: aceptó los términos y condiciones porque dijo
no soy robot pero qué hago en lo que carga la puta serie
[que me recomendaste

dice que se siente como un agujero negro que no
[termina
que no termina
que no termina
que no termina
que no termina
que no termina
que no termina
que no termina
que no termina
que no termina
que le falta tantito y no sabe de dónde

desacelero para que me toque el semáforo en rojo

también freno en el verde parpadeante
abro la ventana y prendo un cigarro
el chico del crucero me ofrece una flor que tejió con
[sus manos de torero de trenes
le sonrío y él recoge la moneda diciendo con con
[hambre:
qué linda mami
sostenemos miradas y ansío que el rojo dure
[dos segundos más
antes de cruzar la avenida y soñar con el retrovisor

www.estonoesberlin.com www.estonoesberlin.com www.estonoesberlin.com